JN410577

하루가 유난히 붉었다

이동화 시집

시인동네 시인선 067

이동화 시집

하루가 유난히 붉었다

시인동네

시인의 말

나를 떠난 것들이 나를 묶어놓는다.

하지만 그들은
먼 우주를 돌아 다시 운명처럼
내게 다가올 것이다.

나는 그 궤도를 공전하는 외톨이별이니,
기다리지 않는다.

다만, 떠난 자와 다가오는 자
그 사이에 그리움이 있다.

거기에서 나의 詩도 태어난다.

2016년 10월
이동화

차례

제2부

제3부

제4부

제1부

목발

다리를 잃은 사람의 목발이 되어주고서
나무는 웃음을 알게 되었다

가난이 더 이상 부끄럽지 않을 때
마음은 돈에 절뚝거리지 않았다

행복은 거기에 있었다

지붕이 낮아지고 방이 좁아질수록
그녀와 그의 거리가 좁혀졌으므로

서로가 서로를 떠날 수 없는
간극의 공간

나사못을 박은 나무의 생살에도
봄은 뜨겁게 오고
새가 울고 꽃이 피었다

호모오피스쿠스

종일 사각의 빌딩에 갇혀 있는 호모오피스쿠스
사무실 칸칸이 정돈된 서류더미들마다 묵은 아이디어가 억류되어 있는 호모오피스쿠스

굽은 목뼈를 지탱하는 눈빛은 모니터에 압정처럼 박혀 있고
가늘어진 손과 발은 급여명세서에 꽁꽁 묶여 있다
볼록해진 아랫배로 일생을 끄가 오가야 할,
출구는 없고
입구만 있는 집과 사무실

쪽창들이 품은 거리는 답답하다
사색 신호등의 구호에 맞춰 네모의 버스가 섰다 가기를 반복하고
고층의 나무들은 매일 햇빛보다 철근과 레미콘을 먹고 자란다
지하에는 굵고 긴 어둠의 터널들이 뿌리처럼 이어져
지상의 길과 맞닿은 출구마다 순번이 매겨져 있다
전동열차는 형무소의 운동 시간처럼

우루루 넥타이들을 풀어놓는다

아침마다 능숙하게 저 사각의 출구를 지나왔을 것이다
네모난 책상과 문서들 속에 스스로를 가뒀을 것이다

아아, 가혹한 네모의 형벌
네모 속의 무기수
그림자에 갇힌 호모오피스쿠스의 저녁

오! 둥그런 달,
빛이 너무 환해서
달보다 둥그러진 그의 눈동자

가방을 버리다

오래된 가방을 버린다

버려진 것은 가방인데 내가 더 비참하다
헤어짐은 쓸모가 다했음을 의미하는 것은 아니다

이별은 새로운 희망일 뿐, 짐이 아니라 동행으로 살아온 날들이었기에 가방은 오래된 내 집이다

방마다 추억 하나씩이 살고 있는 폐허의 대문 밖에서
나지막이 불러보았지만 대답이 없다
내 모든 것을 담았던 가방이
이제는 아무것도 담을 수 없는 가방이 공터에 홀로 웅크리고 앉아 있다
침묵만이 깃들어 있을 뿐

한때의 욕망과 집착과 사랑은 이제 저 가방 속에 없다

너와 함께 버려지지 못해서 미안하구나

어둡고 깊은 방마다 햇볕이 돋고 푸른 공기가 가득 차오르는

너는 버려지고 나서야 온전히 가방이 되었구나

나를 떠난 가방이 크다, 아니 작다
이제 네가 떠난 家房에 홀로 들어 묻는다

가방아 가방아
넌 또다시 누군가의 집이 될 수 있겠니?

바닥論

바닥을 친다는 것,

금융위기로 긴축재정으로 가계부채로 소비 위축으로 내가 실직으로 바닥에 내팽개쳐졌을 때는

이미 바닥이 아니었을지도 몰라

주식시장에 솔솔 대세론이 나돌기 시작할 때

돈탑을 쌓던 이 회장, 유학파 막내딸이 타국에서 자살하고 나서야 알았다네

바닥은 생각하지 않는 방향에서 찾아온다는 것을

아버지 나를 방바닥에서 만드셨고 어머니 논바닥에서 기르셨네

과수원에 저녁이 번져올 때

노을이 앵두 나뭇잎에 빛날 때

빛도 어둠도 바닥을 향해서 내려오네

평생 떠돌던 바람 같은 몸 고향 과수원 황토 바닥에 묻으시니
웬수여 웬수여 어머니 눈물도 바닥으로 떨어지고
토담 너머로 개구리 울음 낮게 헝클어지면
비는 하늘에서 땅으로
길을 잡는데

생각해보네 높아진 뭉게구름이
빗방울 되어 바닥을 칠 때 둥그러지는 일을

폐휴대폰의 침묵

나는 한때 수많은 말들이 건너가는 문이었다
지금 비록 풍장을 치르듯 폐 장남감통에 버려졌지만
나는 기억한다,
내게 수신된 숱한 활자들과 나를 옭아맨 약속들과 그 시간을 비켜야만 얻곤 했던 뼈아픈 휴식들을

딸깍! 묵언수행을 깨뜨린다
폴립을 열고 방전된 몸체의 액정을 켠다
아직도 나를 두드리는 전파들의 수신음
무미건조한 내 삶처럼 컬러링이 없는,

울림과 울림의 간극마다 시끄러운 말들이 터져 나온다
거기에는 답장 없는 이력들을 끊임없이 발신하던 실직 시절의 오랜 기다림이 있고
사람과 사람을 건너는 검은 거래
혹은 첫눈같이 포근한 소식이나 비밀스럽게 타전된 밀어들이 차곡차곡 쌓여 있는 음성사서함의 메시지들

나는 다시 창을 닫고 침묵하기로 한다
침묵으로 쾅쾅 대못을 치고 출구가 막힌 문이 되기로 한다
목적어가 없는 말들은 폐기된다

때론 말하기보다 침묵해야 하고 기억하기보다 지워야 하듯*
묵음 속에서 공감으로 향하는
문이 되기로 한다

---

*막스 피카르트, 『침묵의 세계』에서 인용.

부러진 화살

대저 청탁을 동정한 죄였다
초청된 저녁은 반드시 함정과 음모를 가졌다
검토가 부족한 계약은 소송을 낳고
약속은 어겼을 때 비로소 완전한 약속이 되었다

낡은 권위와 사상을 배석시킨 판사와
사냥을 앞둔 매의 눈초리를 가진 검사
착수금만 받은 변호사는 결코 완전한 방어망을 구축하진 않는다
이성적 판단과 예지는 곁에 누운 동료 미결수의 몫
현실로 받아들여지는 데 많은 시간이 필요치 않다

가난한 자들은 빈곤하게 항쟁하고
부자들은 풍부한 보복을 즐겨했다
사람이 꽃보다 아름답지 않다는 결론에 도달한 건
믿음이 벚꽃처럼 화사하게 피었다가 속수무책 져버린 4월의 법정

기각을 여러 번 당하는 동안 심장은 과녁처럼 단단해졌으나
적중은 예측하지 못한 방향에서 온다

땅 땅 땅
증인들을 환기시키지 못한 의사봉의
판결이다

카를 마르크스 참회의 밤

노동자의 하루가 공사장 밖으로 기운다

말기 암 환자의 눈시울을 서쪽 하늘이 품고 있다 거리의 햇볕은 참회를 모른다 시내버스 귀퉁이에 앉아 눈가에 졸음을 털어내는 샐러리맨들 오늘 하루도 해고의 눈초리는 매서웠겠지 정리해고나 희망퇴직이 있을 때마다 의식은 별처럼 밝아졌다

퇴근이 끝난 1가 로데오 거리

죄 많은 세상 죄라는 죄, 불 다 밝혔는지 밤은 환한데 외투를 잃은 것들에게 남은 것은 악뿐이어서 악 악 술에 취한 소리가 길을 덮는다

건축허가서를 들고 시청을 찾을 때 똥파리 같은 삼류 기자들이 취재를 나올 때 정부청사로 토지주택공사로 고객이 죄인처럼 민원실을 드나들 때 멀쩡한 집이 하자라며 목울대 세우는 사이비 입주자들 틈에서, 나의 봄과 여름은 구두코에 고개를 숙인 채 지나가고 눈빛은 푸른 하늘보다 눅눅한 골목길에 익숙해지고, 회식이라도 한번 하려는 날 절차는 허가보

다 힘들어 목 놓아 우는 날
1가 로데오 거리
환한 밤은 또 어찌 이리 어두운 것이냐

가을바람과 귀가하는 저녁
고장 난 장난감처럼 잠들어 있을 아이들을 생각하며 그래 느그 땜시 산다 느그 땜시 살어 목까지 차오른 말을 삼키는데 골목 귀퉁이에 불량한 담뱃불 몇 개가 깜빡거리는 거다, 거기에 섞인 호기심 많은 딸아이의 눈빛과 마주쳤는데 화가 나기도 서럽기도 하였는데 가족에게도 그들에게도 죄인이라는 생각이 소주잔처럼 떨어지는 것이었다 죄 아닌 것 없는 세상에서 홀로 죄인이 된 그날 밤 깃털이 빠진 새 한 마리 공터 귀퉁이처럼 허물어진 가슴팍에 기대 한참 어깨를 들썩였었다

개기월식

달빛을 먹는다

환하게 박꽃이 피는 하얀 슬레이트 지붕 위를 고양이 울음이 달빛을 밟고 지나간다 전깃줄이 파르르 달빛을 휘젓는다 금빛 뼛가루가 부스러지는 허공, 에스프레소 향이 난다

처마에 고인 달빛이 밤이슬과 함께 똑 똑 떨어진다

갈 곳 없는 담쟁이넝쿨이 벽돌담을 타고 내려온다 바람이 슬며시 창문을 훔쳐보는, 문풍지 호흡은 가파르고 잘록했던 여인의 허리가 점점 둥글어진다

사내가 공사장 계단을 타고 내려와 횡단보도 앞에 멈춰 선다 달의 그림자에게 시간을 빌린다 복리로 이자를 계산하며 사내는 교외로 가는 총알택시를 탄다 중계동 가는 데 얼마죠? 검은 차창에 찬란한 깃털이 생겨난다 빛의 속도로 가로등이 지나간다 그림자가 없는 골목 앞에서 속도가 멈춘다 사내가 둥그런 만월을 지불하고 택시에서 내린다

누옥에 가려 보이지 않는 달

골목은 추위를 가두고 있고 꼬리 노란 개가 짖는다 초인종을 누른다 문을 열자 역겨운 냄새를 가득 담은 어둠이 달려나온다

햇볕을 먹고 싶어요 바닥에서 어린 별들이 칭얼거린다 둥근 배를 움켜쥔 여인이 헛구역질을 한다 얼굴이 창백하다 어둠에 취한 사내가 달빛을 토해낸다 방이 잠시 환해진다

제게 시간을 조금만 더 빌려주세요
달을 품고 싶은 여인, 초승달의 배가 차오른다
월식이다

나이트메어

불면의 밤을 견디기 위해 잠 속으로 나를 밀어 넣는다
한 겹 두 겹 사방으로 번지는 얇고 투명한 막들
초점 없는 눈빛을 덮는다
선명했던 초침 소리가 점점 희미해지는 동안
동공이 기울고 공간과 여백들이 하얗게 채워진다
체중보다 깊은 중력
의식의 안과 밖이 깜빡거린다
시간이 멈춘, 모든 움직임이 죽어버린 카오스의 세계

검은 구름이 덮인 호수 위로
무겁게 비가 내렸다
마법사의 주술같이 물결이 일렁이고
창으로 신비한 바람이 휘몰아쳤다 시간은 침묵처럼 흐르고 비는 눈으로 바뀌고 천년 동안 빙하가 세상을 덮었다
얼음에 갇힌 강의 내면에서 수없이 많은 바람이 죽어갔다
갇혀버린 심장, 살고 싶은 외침들
비명은 목구멍을 탈옥할 수 없다

속눈썹을 간지럽히는 한 줄기 빛
누가 강 속으로 부지런히 의식을 풀어 넣는다
여전히 녹지 않는 수면
얼음은 천년 동안 잠을 가두고 하얗게 발효되는 꿈들
멀리서 닭이 우는 소리, 해빙인가? 싶더니
다시 무의식, 등골이 젖어 있다 깨어날 수 없는 새벽

호숫가 마을 빈집이었다

발바닥 지도

잠든 아내와 딸아이의 발바닥을 보네
꼭 닮은 두 개의 발바닥을 보네

흰 각질들이 거미줄처럼 갈라진 늙은 발바닥에서
흐린 눈빛은 한동안 길을 잃고 헤매네
그리하여 수많은 시간 동안 발등에 눈 내리고
바람 불어 오래된 지도가 되어버린 슬픈 발바닥, 그 감옥에서
아내는 출옥하지 못하네
발바닥 바깥의 일들을 알지 못하네

아내의 야윈 가랑이 사이에 발걸음이 있네
그 걸음은 속도가 있어 세상에서 가장 평화로운 속도가 있어
나 그곳에 닿으려 해도 걸을 수 없네
잡으려 해도 양팔은 가랑이만큼 늘어나지 못하네

어둠에 단단해진 티눈들이 옹이 같네
그리하여 비바람에 꺾인 고목의 등뼈에서도 새순이 돋듯

딸아이가 열매처럼 여물어 가네
열매는 작은 발바닥을 지녔네

저 크고 작은 두 개의 발바닥
내 살아온 날들이 거기 각인되어 있었네
어디에도 정착하지 못한 길이 있었네

메타폴리스의 저녁

생각이 생각을 낳는 밤
눈이 왔다

호수 위의 허공,
부랑자 같은 눈발들을 밀고 당기며 바람이 불고 살얼음 위로 수많은 소리들이 죽어갔다

수심에 잠긴 동탄 신도시
메타폴리스 베란다 불빛들과
도로 위 자동차 걸음마저 극도로 절제된
충돌이 없는 휴일의 저녁

기억들은
결빙된 수면을 하얗게 덧칠하며
지워지고 또 지워지고 있었다

동지의 밤이 깊어지도록
극명하게 밝은 빛으로

눈이 우리의 심장을 어루만질 때

서두르지 않는 것들은 상처가 없다는 듯

생각과 생각들이 느리게
온 세상을 덮고 있다

2036년 6월 3일

안개꽃 사이로 아침이 핀다
오늘도 해가 뜨지 않는다는 기상캐스터의 쨍쨍거리는 소리
눈을 뜬다 눈동자는 벌써 여러 달째 빛을 기억하지 못한다
스위스제로 갈아 끼운 위장 탓에 더부룩해진 입맛

화장실로 향한다 소변이 예리하다 헬스케어 센서의 이상 신호음
오전에 휴먼센터에 들러 상담을 받아봐야지
건넌방은 조용하다 어제도 화려한 조명 속에 몸을 흘렸거나
사이버 섹스몰에 빠졌을 아내
독감 말기로 아들이 죽은 뒤 그녀의 숙취는 긴 터널을 지나는 중이다
물러진 근육을 만져본다
그동안 아내만 바라보며 너무 무료하게 살았어
내일은 독도현이나 평양성으로 해외여행이라도 떠나볼까!
중국 공안들의 삼엄한 통제 속에서도 평양성에는 한류 열풍이 분다던데

뚜…뚜 네 아버님,
이번엔 간암이라고요? 잔병치레가 많으시다
오후에 약방에 들러 항암제 하루 분 지어 가야지

하우스 키핑로봇의 모니터를 켠다
"독도현 2박 3일 패키지 $30,000"
예약을 마치고 창문을 연다 허공 속을 허우적거리는 플라잉버스
스모그에 몸이 반쯤 잠긴 사람들,
피켓을 널어놓은 동남아 노동자들의 시위에
며칠째 연방경찰들의 눈빛이 붉다

마흔, 소유와 존재에 대하여

마흔이 넘자 간혹 동창생들의 부고가 왔다 영정사진 앞에서 만난 어떤 친구는 이혼을 했다며 깔깔거리다가도 밤이 되면 외롭다며 펑펑 울었다

개발에 떠밀려 윤달에 이장한 선영 뒷산, 때 없이 푸를 것 같던 여름도 늙은 배롱나무에 목을 매달았다 열흘 붉은 꽃 없다는데 당신 아직도 꿈꾸고 있나요, 첫사랑이나 신혼의 뜨거움을, 봉숭아는 텃밭에서 피어날 때 붉지요 네일샵에서 물들인다고 손톱눈에서 꽃이 필까요

부녀회 아줌마들은 숀 코넬리의 수염이나 브레드 피트 몸의 곡선에서 불륜을 저지르고 동 대표 아저씨들은 중심상가 노래방에 가는 일이 잦아졌다 봉봉노래방 도우미들의 싱싱한 대퇴부는 목포의 눈물이나 단장의 미아리고개를 부르진 않는다 동탄 신도시 과거와 현재 그 좁힐 수 없는 간격에서
그대 그리운가요! 추억할 것은 있나요!

낭만 철학관 역술인은 자주 돋보기안경 너머로 눈을 흘기

며 말했죠, 사람은 살아생전 잠시 점유할 뿐 소유할 수 없다고

태풍 매미가 들이닥치던 여름 이마트 사거리에 방치된 K 아파트 모델하우스에서 신입사원 권영석 씨가 죽었죠 멱살을 잡히고 고개를 숙이던 분양회사 사장은 삼 일 후에 다시 신입사원에게 사기분양을 강요했고 시범단지 노인들은 눈이 희미해져서야 세상이 더 잘 보인다네요

입추 처서를 지나자 가슴팍 늦더위도 물러갔다
밤이 길어져 혼자서 생각을 주물럭거리는 날이 많아졌다

얼룩팬지꽃

뭉툭한 무릎 뼈를 덮은 군복 위에 얼룩팬지꽃이 핀다

쇳소리의 파열음이 종일 귓가를 떠나지 않는
동탄 신도시 공사장 버스승강장 옆

사내는 지금 햇빛, 혹은 밝은 그늘이 지는 양 무릎에서
팬지꽃을 키우는 중이다 약하고 구부러진 것들을 키우는 일은
흔들림을 필요로 하는가 상체를 쿨럭일 때마다 한 송이씩 피는
붉은 꽃, 이파리들이 바람에 떨어진다

처진 어깨만큼 힘없이 너덜거리는 종이합판을 깔고
소음과 먼지 속에서도 그가 포기하지 않는 것은
오래전 현장에서 잃어버린 두 다리일까, 절단된 무릎으로
악착같이 몇 평 남짓한 보도블록을 지키며 꽃을 피우는 일일까

버스 쉘타 시간표에 맞춰 약속도 없이 모였다가
표정 없이 흩어지는 인파들 속에서

댕기머리 아이가 물을 주듯 동전을 던지고 버스에 오른다
철문이 닫히자 손발이 잘려나가는 바람

공사장 쪽으로 낮은 어깨를 들썩이며
그의 서투른 하모니카가 다시 울기 시작한다

외계인

폭염은 계속되었다
짜디짠 공기 속을 사내는 축 늘어진 보폭으로 걷는다
마모된 구두코가 2호선 잠실역 3번 출구를 지나
올림픽공원 앞에 멈춘다 온몸에 찐득찐득 사막이 배어나도
코트 깃을 세운 사내, 어깨 너머 초록이 눈부시다
잘게 부서지는 햇살의 따가운 알갱이를
성급하게 쪼아대는 비둘기떼
광장은 남루하고 길은 숲 쪽으로 누워 있다
오후 2시 언저리다

지구의 오래된 휴식들이 힘겹게 걸터앉은 벤치
검은 수염을 히죽거리던 부랑아들
사내가 다가서자 모두 고개를 숙인다
알아듣지 못할 언어로 무언가를 지시하는 사내
나뭇잎들이 은밀하게 수런댄다
탁발하는 바람과 대지의 뜨거운 입김
광장이 화염으로 달아오르고
그들에게 짧은 메시지를 남긴 사내가

섬광처럼 하오 속으로 사라진다

다시 고요하다

텅 빈 광장의 바닥 무늬가 나스카*하다

---

*남미 페루의 나스카 평원에 있는 벌새, 고래, 원숭이, 거미, 개, 나무, 우주인, 펠리컨 등의 그림과 소용돌이, 직선, 삼각형, 사다리꼴과 같은 기묘한 곡선이나 기하학 무늬들.

개나리아파트

개나리아파트 어디를 둘러봐도 개나리가 없다
개나리가 없으니 개나리꽃이 피지 않는다
꽃이 피지 않으니 봄이 올 리가 없다

관리사무소 소장은 유실수나 꽃나무 지원을 구청에 요청했다 한다,
작년에도 올해도
하지만 늘 예산이 없다는 대답뿐이란다

기초의회에 근무하시는 나리 분들 주민 생활 관련 조례 제정 건수가 평균 0.8건인데 연봉이 오천만 원

참, 개 같은 나리들이다

지천인 개나리 하나 개나리아파트에 못 심어주는,

제2부

뱀의 혀

입속에 붉은 칼날을 품고
바람보다 빠르게 허공을 가른다

눈이 있어도 필요 이상의 것을 보지 않으며
입이 있어도 말하지 않는다

침묵하는 칼은
흉터를 남기지 않는다

고사목

아픔은 더 이상 추락할 수 없는 곳에서 소리가 되는 것이리라

후두둑 후두둑 울음이 번져나가는 구름의 장례식에서
투명한 비명을 담은 빗방울들이 고사목을 치네

소리와 소리 사이로 숲을 건너온 바람이 흐르고
다시 바람으로 돌아가야 할 고사목 꺾인 관절이 삐걱이네

상처에 상처를 덧대면 아프진 않을까
한여름의 폭풍과 천둥이 새겨진 나이테를 굴러다니는

슬픔도 동전처럼 양면이 있다면 어느 날은 웃을 수 있을까

소리가 스며드는 나무, 땅속에 갇혀 있던 구름들을 가지에 피워내는 나무
그 싱싱한 말들은 톡톡 튀어 올라 어디로 사라지는 걸까

저 구름이 다 죽고 나면 나무와 나무 사이로 앙상한 바람이 지나리라

울음이 말라버린 가지들 사이로 하늘은 넓고 푸르리라

그리하여 구름의 눈물들이 하얀 꽃으로 피어 가지마다 소복해지리라

가을의 전언

소리를, 누군가 오래 묵혀뒀다 토해내는 간절함이라 생각했을 때
낙엽 바스락거리는 소리가
의식이 야위어 가는 당신의 마지막 말 같다고 생각했을 때

가을의 흰 얼굴이 병든 창마다 묻어나고 있었다

사나흘 아무도 집중하지 않는 말들을 중얼거리던 당신
방언처럼 주절거리던 무의식들은 의식이 회복될 즈음 침묵으로 변해갔었지

침묵의 등짝은 넓고 두껍지만 초라해서

침묵을 가진 것들은 위대하지만
소리가 되었을 때 아주 슬퍼진다는 걸

기다림은 기다리는 것이 아니라 끊임없이 다가가는 일이라는 걸 알 때까지

희망은 결코 태양처럼 스스로 떠오르지 않는다는 걸

끝내 할 말을 다 못하고 창밖만 바라보던 그해 가을의 끝

당신이 떠나고 나서야 내가 당신의 소리로부터 태어났다는 걸

그리고 결국 우리 모두는 긴 겨울의 침묵으로 돌아가야 한다는 걸

빗소리 레시피

바람이 비를 끌어다 거실 창에 던진다
굵은 면발이 주룩주룩 내린다
빗소리가 라면을 끓인다

앞산이 끓는다 들판이 냇물이 양은냄비에서 끓는다
귓속이 천둥처럼 뜨거워서 흰 구름이 눈앞을 가려
더 이상 주저할 수는 없다

보글보글 냄비 속을 맴도는 기포들 그러다 온몸으로 끓어야만 한 번의
허기를 달랠 수 있으리

소리의 결을 따라 시월의 바람과 적당한 구름을 썰어 넣고 매콤한 단풍으로 버무린 다음
나무젓가락으로 돌돌 말아 먹어야 가을비 같은 잔잔한 맛이 난다

그대가 없는 부엌에서

빗소리를 혼자 먹을 때는 울지 말아야 한다
온몸으로 소리를 받아내던 양은냄비처럼 외로움을 견디려 파르르
입술을 떨며 라면을 먹을 때

빗소리가 싸하게 내장으로 퍼진다

조화(弔花)

당신의 눈물은
얼마나 많은 뿌리를 가졌는가

살아서 당신이 누군가를 위해 울어준 만큼
꽃으로 피어나는,

밤을 꼬박 새고도
또 터져 나오는
저 슬픔의 힘은

조팝나무

그것이 무엇이든 당신의 욕심이 아니기를

공원묘지 지나는데
바람이 조팝나무 가지마다 하얀 봉분 하나씩을
또 세우고 있다

어쩌면 산다는 건
가슴에 그리운 무덤 하나씩을 늘려가는 일

슬픔도 스스로 찬란해질 때가 있다

어둠 속에는 그늘이 없다

그녀는 1급 시각장애인이다
뇌종양 수술 후 손상된 시력은 영영 돌아오지 않았다
초점은 TV나 컴퓨터로부터 멀어지고
추억의 얼굴들 앨범 속에서 빛을 잃어갔다
세상의 빛 다 잃고서야 길은 밝아진 것일까
어둠의 밀도를 뚫고 그녀가 왔다 소리로 보는 걸음은 능숙하다
나는 두 눈 빤히 뜨고도 그녀를 볼 수 없다
그녀가 어둠보다 깊이 잠겨 있었으므로

동공이 눈앞의 사물들을 놓아버릴 때
손끝은 먼 곳에서부터 세상의 또 다른 빛을 데리고 왔다
그녀는 촉각만으로 능숙하게 라디오를 켠다
호세 펠리시아노의 〈rain〉이
어두운 망막 속 빛처럼 새어 들어온다
음악에 맞춰 나의 피륙을 더듬는 경쾌하면서도 까칠한 손
누르거나 당길 때마다 온몸으로 느낄 수 있다,
그녀의 아픔을 지탱하는 이백여섯 뼈마디의 힘과

손바닥처럼 까칠해진 그녀의 가계를

눈을 뜨고 보는 세상과 눈을 감은 세상 사이에서
“어둠 속은 그늘이 없어 깨끗해요”
내일을 희망으로 이어줄 관절을 폈다 오므렸다
그녀는 손으로 말하고 있는 것이었다

물버들나무

천 개의 푸른 혓바닥이 바람을 핥고 있다
폭염 속의 갈증으로

한 방울의 물을 그리워해본 이는 알 것이다
그리운 것들은 멀리 있지 않다는 것을
간절하다면 서로의 거리가 더 멀어지기 전 치열하게 한 방향으로 가야 한다는 것을

그리하여 가지는 매일 구름의 건너편 물을 향해 자란다
정오를 관통하는 햇살, 번뜩이는 태양의 가시를 몸으로 견디며
갈라진 팔다리가 진화할수록, 수혈이 격렬했으므로 욕구는
뿌리로부터 수많은 길들을 지나쳐야 하리

하지만 몸통에 깊은 주름을 안은 나무
고립의 길들이 화석처럼 각인된, 물이 흐를 수 없는 협곡을 지닌 나무

뿌리가 쉼 없이 수액을 길어 올리지만 물기가 연기처럼 사라져버리는

물버들나무

물에 들지 못하는 한 마리 슬픈 짐승
늪에서 태어나 일생을 물을 그리워하지만 끝내 물이 되지 못하는 나무

어깨를 축 늘어뜨린 가지마다
투명한 이파리들, 물결무늬가 꿈처럼 각인되어 있다

낙과

툭, 풋감 하나 떨어진다

파르르 허공이 요동친다
흔들리는 것은 감나무 가지지만, 가지의 힘은 아니다
떨어지는 풋감의 힘으로 흔들리는 저 미세한 떨림 뒤의
흐느낌

그것이
남은 열매들의 온전한 섭생을 위한 나무의 선택이었음을
나는 모른다

여름이 짙어가고 감나무 잎이 풍성해질 때
튼실하게 잘 여물어 갈 남은 씨알들

툭, 풋감 하나 또 떨어뜨린다

뼈가 시릴 것이다, 파르르르
자식 잃은 아픔을 털어내는 슬프디슬픈 늙은 나무의 몸부림

보리수나무

입동 전의 산에 들었다
사위가 고요하다

너덜너덜한 추위에 몸을 둥글게 말아 올린 나뭇잎들

보리수나무 몇 그루
아래를 지나가는데

시골집 화덕, 빨알간 숯덩이들이 주렁주렁 매달려 있다

나무가 환하다
온 산이 따스하다

봄날은 간다 1
—허수아비 할머니

기억하니? 배드리
들길이 듬성듬성 바람에 지워진 곳
희미한 들녘의 보릿대 타는 연기를, 도랑물 흐르듯 등 굽은 촌부들의 움직임을,

열일곱 꽃띠에 저 들길로 시집와 자식 같은 뒷등 밭 날마다 어린 모종들에 물 주시고 곁대 세우시던 할머니, 그 정성만큼 허리춤에 꽃줄기들이 밀고 올라

"아가, 아무리 가물어도 땅이 거짓말하겄냐. 아픈 것들은 모두 꽃으로 피어나 진당께"

비탈진 밭도랑, 상추꽃 파꽃 무꽃 고추꽃 위로
흰나비가 팔랑이면 늙은 가슴팍에도 앙상한 유채꽃 피어나고

둑길 옆 도랑에 황톳물 붉어지도록 소나기는 때 없이 백련사 옥녀봉을 건너오고,

매미가 슬픔의 껍질을 벗던 여름

들녘 밖 세상은 영원히 당신께 없으시다고
바람 부는 들녘의 허수아비가 되신 할머니

붉게 웃던 목단꽃 뚝 뚝 떨어지네
상여 소리 같은 봄날이 하얗게 흘러가네

봄날은 간다 2
—배드리

잠에 빠지고 싶네
배드리
오래토록 물결에 씻겨 모서리 둥글어진 냇가의 조약돌같이
둥그런 잠에 빠지고 싶네
반질반질 바람에 닳아 윤기 나는 돌의 몸 같은
잠에 빠지고 싶네

편이 잠들라고 편이 잠들라고 아픈 배 쓸어주며
김장 무 같은 시퍼런 무르팍 내주던 당신

어디로 갔을까 식어버린 구들장 위에
온 식구 나란히 누워 추위를 견디던 잠은
아궁이에서 굴뚝으로 몽롱하게 피어나 별 속으로 흐르던 잠은

도시로 흘러든 내 꿈에는 잠이 없네
당신이 부재한 그 꿈에는 냇물이 없네
이 밤 빈집만 돌고 돌 뿐

흐르지 못해 쓸쓸한 내 꿈속으로
당신을 부르려 해도

배드리
잠들 수 없네
잠들지 못한 내게 꿈은 없네

5월의 밤길

―등려군의 야래향(夜來香)*

~워 웨이니 쓰량**

누가 울고 있는 것인가, 세상의 마지막 등불을 끄는 이 간절한 노래 소리는

가느다란 목젖들이 흘러나온다

아득히 먼 곳, 검은 이빨을 드러내는 밤의 주둥이 속에서,
감촉은 5월의 속살처럼 부드럽다

땅 위의 모든 꽃들 숨죽이며 잠든

젖은 흙길에 어떤 사연의 꽃이 피나, 무슨 향기가 흘러드나

천리 길을 찾아온 정인의 기척 같은 야래향(夜來香),

기다린다고 기다렸다고 길섶에는 끊길 듯 말 듯 낮은 옥타브의 노래가

희미한 연분홍 냄새를 피운다

~워 웨이니 쓰량

누가 그리워하고 있는 것인가, 황도십이궁 자리마다 잔별들이 한 움큼 피었다 지는 밤길
구름 떼 황급히 지나가면 꽃대궁에도 달 뜨겠지

꿈에 들지 못한 꽃들 스스로의 무덤 앞에 피어나
향기가 은은해지는 5월의 밤길

---

*등려군이 불러 팬들에게 사랑받은 노래. 야래향은 다년생 화초로 5월의 밤에 그 향기가 절정을 이룬다.

**당신을 항상 그리워한다는 중국어.

황혼이혼

노인이 마음을 마름질하며 유리대문을 연다 황량한 바람이 물끄러미 그를 쳐다본다 황동빛 하늘이 높이 솟구치고 있고 바다 쪽으로 향하는 잣나무 숲길 뿌연 안개구름이 부산하다 오랜 침묵을 깨고 마른 가지를 흔드는 곰솔목들

유리에 비친 그의 얼굴은 쭈글쭈글하다 희망이 빠져나간 퀭한 눈빛 준비서면처럼 포구를 드나드는 여객선엔 사람이 없다 바람에 속도 잃은 새들이 허공에 벽화처럼 박혀 있다

멍텅구리 배 한 척이 물결에 밀려 섬 주위를 떠돈다 그는 움켜 쥔 원고지 같은 지난날을 한 장씩 펴가며 바닷가로 향한다 사나워지는 염풍에 눈이 끈적거린다 속살이 하얀 아침을 몇 마리씩 건져 올려보지만 과거는 좀처럼 환해지지 않는다

침묵의 담배 연기를 바다에 방류하며 노인이 바라보는 것, 지상의 모든 흐름은 되돌이표가 아닐까, 만조의 바다를 빠져나가는 저 부유물도 언젠가는 밀물에 되돌아오리라고, 믿음 한 장을 또 쓰는 듯하다 물길의 속도로 지나왔을 동행의 심

해에서 하나, 둘 추억을 낚아 올리며 노인은 오래도록 겨울 바다를 바라본다

까치밥

몸도 허공에서는 길이 되는구나

추운 날 맨살의 몸뚱어리
어디로 가닿으려는가

하늘 위 저리도 앙상한 감나무 가지의 길들

푸른 이파리들을 키워내던 생의 한때를 지나
바람을 힘껏 움켜쥐고 좀 더 멀리

가지들은 다음 생인 봄으로 건너가고 있다

그 고단한 몸짓 사이로 감꽃을 기억하는 열매 하나가 붉다,
단단한 목숨처럼
홀로

허공을 밝히고 있다

제3부

장미

여태 내가 피운 것들은 꽃이 아니었다

날마다 넝쿨은 여린 빛을 따라
세상 후미진 곳으로 간다

그 길에서 만난 허접한 풍경들과
마음속의 그늘 같은
날카로운 가시들

누군가가 안쓰러워 가슴 붉어진 날 많았었지만
이제 나는 말할 수 있네

애당초 꽃이란
심장의 붉은 멍이었다는 것을

한 뭉텅이씩 피를 토하며
더듬더듬 세상의 담 밖으로
나의 촉수가 뻗어가고 있다는 것을

삼색 신호등 앞에서

다섯 시에는 배가 고프고
다섯 시에는 네게로 간다

오후 다섯 시에는 시청 옆 횡단보도에 서서
나는 단 하나의 심장으로
네게 부족한 심장들을 부른다

붉은 심장 파란 심장 노란 심장
너는 다섯 번에서 두 번 부족한 심장

다섯 시에는 신비한 바람이 북에서 불어오고
새들은 다섯 번 날아 북국으로 간다

다섯 시에 피는 꽃과 다섯 시에 지는 꽃이
서로 안부를 묻는다

우리 다섯 시에 만나요, 내가 달려가면 너는 다섯 번 숨이
차고

내가 다섯 발짝 뒤로 물러서면
내일을 약속하던

우리 심장이 떠다니던 인계동 오후 다섯 시
나는 두 개의 수신호로 너를 부른다

별에서 온 그대

빛이 초당 30만 킬로미터의 속도로 이동한다면

북극성이 나에게 도착하는 데 428년이 걸린다면

다시 말해 당신 눈망울에 빛나는 북극성이 428년 전의 별이라면

지금 내가 사랑한다고 말하는 당신은 1586년의 눈빛

얼마나 많은 시간 그 물음의 답을 기다려야 하나

구름 속에서 볼 수 없는 구름이 땅 위에서 눈으로 만져지듯이

보이는 것과 보이지 않는 것의 경계는 당신과 나 사이의 거리가 아니었을까

오늘도 나는 내게 도달한 빛만을 사랑하려 하지만

당신은 아직 나에게 도달하지 못한 빛

서로 다른 시대의 별과 달과 가로등과 이미 내 곁을 떠난 사랑과 이야기하며 밤길을 걷다 보면

절대공간에서 나의 우주로 지금도 수많은 행과 불행을 간직한 미래들은
운명처럼 다가오고 있고

실상과 허상 사이에는 우두커니 기다림만 남았을 뿐

폭설

자작나무 가지마다 소복하게 눈이 쌓였다

너에게로 가는 지상의 모든 길이 끊기고
너른 들판 야단법석이던 소리들 모두 입을 다무는 한낮

빈방에 홀로 드러누워

우수수 잎을 떨어뜨린 하얀 자작나무 벗은 몸통이었다가 햇빛이 내리면
다시 물이 되는 나는

둑길에 찍힌 발자국을 따라 생각의 하구로
시린 발목을 끌고 흘러가리라

강으로 바다로 화석 같은 내 명상을 싣고 흘러간 길이 허상은 아니었을까
눈과 눈을 녹이는 눈물은 아닐까

발자국 모두 길을 잃어버린 들판
내 눈빛의 끝은 휘어지고
나의 고요는 아직 자작나무 가지 끝에 묶여 있다

헐벗은 나뭇가지 모두 짐승의 흰 뼈가 되는
폭설이 내리는 동안

고백, 소리에는 내력이 있다

너·를·좋·아·해!
스타카토,
얼마나 오래된 망설임들이 모여 소리가 되었는지 당신은 모른다

끊길 듯 말 듯 목젖을 빠져나오는
소리의 짧고 가느다란 뼈
우물쭈물, 수줍어하는 소리의 살가죽
협심증의 심근처럼 단단히 뭉쳐 있던 그 말 한마디
망설이다 끝내 내가 떠나보낸 소리는
너의 심장을 향해 쏘아올린
단호한 생각의 알갱이들

이 얼마나 삭혀왔던 고백인가
붉은 공기를 뚫고 가는 조심스런 진동은
뜨겁게, 천천히 어지럽게 봄날의 아지랑이처럼
가녀리면서 굵은 떨림이 너에게 간다

가도 가도 당신은 끝내 알지 못한다
소리에도 오랜 내력이 있다는 것을
오랫동안 네 주위를 기웃거리던,
내 목청 끝
돌멩이로 꾹꾹 눌려 있었던

응답하라 1987

뽕짝 노래 한 소절이 술주정하던 골목 어둠에 항쟁하던 불빛들 하나 둘 꺼져가도 금지된 서적의 문장들이 단칸방에서 단칸방으로 건너다녔다 함석지붕이 낮게 깔린 동네에서 자취하던 때였다

벼랑 위 달빛도 쉬어 가는 가파른 길을 친구의 등에 업혀 사글세방에 쓰러지곤 했다 콩나물시루를 덮은 잿더미같이 어둠이 수북한 밤을 지나 양은주전자의 몸통이 내장에서 흔들리는 새벽 그 시간쯤에야 충혈된 것들은 맑아지고 어디선가 딸그락 딸그락 저승의 할머니 밥 앉히는 소리 들렸다

가끔 철대문 녹슨 우편함에 배달된 수상한 기침 소리에도 벽돌담을 넘나드는 호루라기 소리에도 무관심한 밤이 지날 때마다 하나 둘 투사도 되지 못한 학생들이 밀사처럼 떠나가 돌아오지 않았다 의식을 잃은 어둠 속 안개를 따라 무심히 시간이 흘러갔을 것이다

막장의 집 낡은 트랜지스터의 공명이 새벽을 깨우고, 김지

은 MC의 목소리가 모차르트의 낮은 음계를 밟고 블루스를 추는 시간, 베란다 밖 초목들보다 지상의 소음들이 먼저 깨어나 술렁거리고 새벽공기는 회초리를 휘두르는 독재자의 손길같이 매서운데

이런 일상적인 풍경 넘어서야 동이 트는 것인데 또박또박 환해지는 길 위를 걸어 나오는 기억들, 잊혀져버린 이 세상 너머 푸르디푸른 빛들

사랑

모과를 갖고 싶었지만

모과는 여전히

손닿지 않는 먼 허공에 있다

달에게 쓰다

퍼내도 마르지 않는 샘 같은
달이 참 깊게도 떴다

달빛은 냇물을 이루어 밤하늘로 흐른다

자꾸 낮아지는 산 그림자 위에 길을 닦는 기러기떼
영혼이 우는 소리 들린다

마른 고춧대는 상강의 이슬로 몸을 깨끗이 씻어내는데

너는 눈가에 맺혀
어찌 저리 맑은 빛을 뿜어내는지

하루를 견디고 또 다른 하루를 걷기 위해
사랑한다 사랑한다
달에게 쓴다

오래된 정원

태풍 사라가 할퀴고 간 정원, 툭 툭 떨어져 있는 자두나무 열매들을 보면 진압된 시위대들이 던져놓은 돌멩이들이 떠오르는 거야
감자꽃이 하얗게 말라가도 오지 않는 비 논밭들이 쩍쩍 갈라지고 가난이 독재자의 방식대로 성장해갈 즈음이었지 가뭄에 우물물이 마르자 인심은 더욱 척박해진 거야 사발술에 취해 깨어나는 아침이면 갈증이 났고 우리는 허기에 길들여진 거지

익숙한 조회와 종례시간, 교련복의 총검술로 더욱 단단해진 몸으로 우리의 재능은 그가 의도한 대로 규격적으로 발전했지 하지만 해가 지고 달이 뜨고, 동구 밖 미루나무가 하늘까지 자라자 몇몇은 그를 해고시키자고 수군거렸어 휴일이면 소풍도 가고 처마에 바람도 자유롭게 들이자고 했어

항쟁이 라일락꽃처럼 피어나던 날 쿠테타가 있었고 우리는 모두 거리로 나가 노래를 불렀지 집에 혼자 남은 그는 토방에 앉아 환장한 봄날만 바라봤어

뒷산 소쩍새 울음이 아질아질 담장을 넘나드는 오래된 정원에 수국이 필 즈음이었지

몸을 벗어나지 못한 보릿고개의 풍요, 빛도 없이 소멸되어버린 청춘의 피, 그에게로 피어나는 적개심, 오 절름발이 사랑,

추억이란 집 나가 돌아오지 않는 바람난 여자 같기도 했어

빙하기

혹한은 계속되었다
얼어붙은 설국의 표면으로 눈은 쌓이고 또 쌓인다

세상에서 가장 느린 속도로
세상에서 가장 낮은 무게로

태양은 지구로부터 점점 멀어지고

당신의 그 뜨거운 숨결만이
빙하 위를 떠돌 때

내 숨소리 새하얗게 빛났다

하늘이 지상으로 무너져 내리고
더 낮은 곳이나
혹한의 바깥을 향해 빙하가 움직일 때까지

빙하기는 계속되었다

벽

그것과
맞닥뜨렸을 때

엄마 찾아 바닥을 기던
세 살배기 하늘이가
거기에 부딪혀
엉엉 울고 있을 때

더 이상
한 발짝도 나아갈 수 없는
막다른 그곳에서

걸음은
시작되었다

미포에서의 하룻밤

결빙의 겨울 바다
눈발이 그치자 우리는 노숙의 해변에서
모닥불을 지폈다
가뭇없이 불꽃들은 탁, 탁 고요를 깨뜨리며
천상으로 길을 떠난다

겨울 미포에서 한번쯤
자살을 꿈꾸지 않는 이 누구인가
파도는 밤새도록 목 놓아 울고
먼 오징어 배 불빛들이
몇 잔의 소주처럼 달아오르면
모래의 속살을 맨발로 걷던 미포 백사장

너울너울 깃털같이,
유성도 떨어지다 지친 알몸의 새벽
초승달조차 민박집 위로 반듯하게 누울 때
내 안에 찰랑찰랑 만조의 바닷물이 흔들거리고
그 너머 끝없이 걸어도 다다를 수 없는

바다의 끝,

세상의 끝이 보이기 시작했다

꽃 지다

오늘 별이 밝다
꽃잎이 진다

중심을 잡지 못해 기우뚱거리며 진다

꽃빛이
젖 뗀 아기의 울음소리처럼 선명해져서 서러운
이런 밤에는 별의 중심으로 가고 싶다

거기는, 이마가 환한 구옥들 지붕 위로
별무리가 내려와 사는 마을, 순하디순한 사람들이 세 들어
방마다 꽃등 하나씩을 켜는 곳

그리하여 해질녘
쌀뜨물같이 흰 손으로 네가 밥을 안치면
나는 그 빛으로 뒤척이며 살다가

느리게 느리게

저 꽃잎의 속도로

너와 함께 지고 싶다

하루가 유난히 붉었다

서녘 하늘 한 자락을 베어 앵글에 담았다

남쪽에서 몰려온
하루가 유난히 붉었다

목젖이 푸른 새가 울어
나는 아무도 가지 않는 숲의 반대편으로 걸었다

느티나무는 천 개의 푸른 혀를 가지고도 침묵하고 있었고

가로등 하나 묵묵히 어둠을 밀어내고 있었다

바람 한 점 없는 저녁이었다

여름

여름밤은 짧다
지금은 새벽 두 시, 심장이 뜨거워 잠 못 이룬다

우우! 어둠을 물질하는, 저 저 뭇 생명들의 울음소리

선명해진다는 건 깊고 어두운 배경이 필요한 것일까

울타리에 저당 잡힌 꿈들이 목백일홍과 늙어가는 밤
달이 구름에 가려질 때

유배당한 영혼들이 술렁거리고
내 안엔 잔별들이 끊임없이 태어난다

공전, 별의 짝사랑

태양의 눈에 들어가
붉게 타오르지도

블랙홀
아득한 어둠 속으로 빠져들지도 않는
불가분의 궤적

항성과 행성 사이
돌이킬 수 없는 거리에서

너와 나는
우주의 시작과 끝

영원히 만날 수 없이 엇갈린
순환선상의 평행한 길

제4부

희망의료원

링거에 맺힌 수액들이 느낌표처럼 떨어지네

이 병동에서 더 이상 싸움은 없네

불 꺼진 객실마다 평온한 병색만 가득하네

문제는 회항한 적 없이 걸었던 자만의 길이었네

죽음학회 회원들이 모여 장례학을 모의하듯

G20 정상들의 경제 대책 회의엔

토론만 있고 해법이 없네

까마귀 나는 밀밭*

우! 우! 지독한 몽유의 밤
망막이 찢길 듯 뜨거운 열대의 밤
뭉쳐 있던 바람의 근육들이 검은 허공을 움켜쥐더니
사선을 그으며 비가 왔다

미친 버드나무는 흐트러진 머리칼을 빗어 내린다
들판이 품은 실핏줄 같은 샛강들이 안단테로 전율한다

귀가 잘려 있는 밤, 소리가 죽어 있는 밤에도
폭풍의 들녘을 사납게 내리치는 비
깍 까악! 환청이 들린다

창에 미끄러지는, 가고 서기를 반복하는 투명한 물방울
입자들마다 아를의 아틀리에가 있다

하늘은 먹구름에 점령당한 시커먼 캔버스
흠뻑 비에 젖은 정지된 까마귀떼

아! 길은 끊겨 있다 몸통을 갈라 바람의 길을 여는 밀밭에서

머리를 향해 총신을 겨누는
광기의 화가여, 하늘로 가는 가난한 심장이여
탕! 한 폭의 유화를 쏘아 올린다

---

*고흐가 자살 며칠 전에 그렸다는 유작.
*남프랑스 화가나 예술가들의 공방, 작업장.

만월

만월이네 달빛이 푸르네
선잠이 들었는데 고향집 마당이네

묵은 메주와 장이 손길 없이 익어가는 장독대
풀여치 울음에 감은 절로 붉어지네

술 취해 잠든 아버지 곤하시고
슬레이트 지붕 위 상수리 떨어지는 소리에 누군가 떠나가는 것 같아 봉창 문을 열면

외갓집 가는 군내버스를 기다리시는 어머니

몸이 구부정한 신작로, 덜컹이는 막차
작고 남루한 보따리 하나 몸을 실으시네

흙먼지 일었다 스러지는 길섶
온몸이 시퍼렇게 멍든 미루나무, 덩그러니 남아
손 흔들고 있네

>

아! 마당이 빈 집

달빛에 젖은 어린 내가 어깨를 들썩이며 평상에
홀로 앉아 있네

성묘

비문 없는 비석이 어디 있겠어요
변명 없는 봉분들은 또 어디 있고요

다…단 한번만이라도 숲을 벗어나고 싶어
허…헉 숨이 막혀 답답해 하…하루라도 이 지독한 고립에서 벗어날 수 없을까 우…움직이고 싶어, 직립에서 벗어나 흐르고 싶어

바…발이 말을 듣지 않아 나…나는 속도야 나의 속도야 제발 정지해 줘 고…고목나무의 그루터기에 잠시 쉬고 싶어 이 멈출 수 없는 끝없는 방황을 이제는 마무리하고 싶어

지…지루한 일상, 끝없는 반복, 바람이 불면 떠났고 지…집이 그리우면 나무에 돌아와 울었냐고? 아냐 아침이면 배가 고파서 날아야 하고 저저…저녁이면 심장으로 울어 지붕 없는 나의 가난, 기계적인 외로움, 이 질식할 것 같은 순환

아버지, 이제 우리 이야기하지 말기
수없이 꺾여버린 나무나 잠들지 못한 바람 혹은 환멸의 새떼들
더 이상 변명하지 말기

사데풀꽃

사데풀꽃이 피었다
바람이 서늘해지고 햇빛도 엷어졌다

푸른 가을 하늘을 묵묵히 쳐다보면
눈빛도 푸르러진다

가을에는 쓸쓸해지고
사데풀꽃처럼 그리운 사람 있다

가까이 있을 때는 공기처럼 투명하던 사람

멀리서 보니
저렇게 눈부시게 푸른 하늘처럼

멀리 떨어지고 나서야 눈부신 사람이 있다

환생

마른 고춧대에서 새잎이 돋고 꽃이 피었다

세상에서 가장 먼 여정이라 여겼던

한 생에서 다음 생으로 건너가는 길이

한 몸속에 있었다니!

석간신문

겨울 철새들은 자유로를 넘지 못했다 조류독감이 위태롭게 한강에 흘러 다녔다 신혼부부들은 아이들을 낳지 않았다 금리는 에바포피엘* 콧대만큼 높아지고 초고층 빌딩에는 빠진 이처럼 빈 사무실이 늘어났다 장사오리*는 위안부 어머니를 모르고 TV 화면에는 야스쿠니에 머리를 숙이는 위정자들이 종종 송신됐다 21세기 어느 저녁 중독되지 않는 사람들 없는 거리에서 어, 어 이게 누군가? 석간신문 속을 어슬렁거리는 낯익은 너는!

우, 우! 늦가을
초승달이 우는 밤이네
먼 아프리카 결식아의 눈빛이 별로 돋는 중이네
토론토, 시드니, 멜버른에는 우울한 유학생들
빌딩과 빌딩 사이 기러기 아빠 울음 날아가고
전철은 도시의 구멍 난 뼈에 바람을 슝, 슝 들이미는데
코리안 드림 코리안 드림 불 꺼진 원룸으로 이주하는 동남아인들

동작대교에 탈북녀 그림자 몇이 지나갔네
하나 둘 가로등불 한강에 투신하는 중이네
강물은 제 몸의 모두 수문을 잠그고 홀로 검붉어지고
북악산 아래 재건축 판자촌 일제히 철거를 시작할 때
우, 우! 국립묘지
잠들지 못한 정령들 스스스 일어서는 중이네

---

*〈미녀들의 수다〉에 출연 중인 외국 유학생들.

금붕어의 집

금붕어 두 마리를 사다 둥그런 어항에 넣었다 유리벽에 갇힌 건 그들인데 쳐다보는 내가 답답하다 흰 지느러미가 유쾌하게 물살을 가를 때마다 수초가 흔들리고 타클라마칸의 모래언덕이 쓸려가고 쓰나미에 지구 한 귀퉁이가 기울어진다

톡톡 주둥이를 대기권에 부딪치는 그들, 밖의 우주에서 모니터를 켠다 구글, 구글어스에서 바라보는

투명한 지구, 둥근 어항
둥근 지구, 푸른 어항

마우스를 잡아당기면 오만분의 일만큼 지구본이 클로즈업되고 3D로 보는 작은 집 마당에서 아이가 창공에 입을 대고 톡 톡 물봉선을 분다 대륙과 대륙 사이에선 무슨 일이 일어난 걸까 땅이 흔들리고 핵탄두 미사일을 쏘아 올리듯 물 밖으로 금붕어 한 마리가 튕겨 나온다 팔딱거린다 허공을 튀어 오르는 힘찬 신음 소리

파다다닥
파다닥
파다
닥

로그오프…… 서늘하게 깊어지는 둥근 눈 암흑과 마주치는 한 우주 내가 금붕어 두 마리를 사오던 날 어항 속에서 시작된 나의 죽음 인류의 종말,

먼 은하에서 나선형 성운의 눈이 시리도록 푸른 별을 클릭한다, 당겼다 밀었다 바라보고 있다

추석 무렵

베개 맡에 흰 새벽이 묻어나도록
아버지 오지 않으셨다
어머니 오래 묵은 기침 소리 토담 너머 들락거리던 밤
붉은 달은 홀로 덩그렁 앞마당을 굴러다녔다

찢어진 창호지에 어룽대는 대추나무 그림자
행여 당신의 기척인가
바람은 쓸쓸한 것들을 자꾸 구석 쪽으로 몰아놓고
그런 밤마다 뒷산 청대 숲에서는
귀뚜라미 울음소리가 들려왔다

소리 없이 통일벼 이삭들 노랗게 물드는
추석 무렵
불면에 뒤척이다 눈을 뜨면
잊힌 얼굴들이 하나 둘 뛰쳐나왔는데
환각들은, 낯선 희망들은 도대체 어디서 흘러들었을까

문풍지 사이로 한기가 새어드는

추석 무렵, 나는
막 쪄낸 송편처럼 심장이 물컹해지고
기다려도 오지 않는 아버지,
툇마루 손짓하는 바람에 호박잎만 흔들거렸다

뇌성마비 소녀

아카시아가 5월을 건너간다
가슴이 순한 아카시아

어디가 불편한지 온몸을 비틀며 건너간다

흐린 하늘 아래 몇 방울의 빗물이 앞서거니 뒤서거니 동행을 해주는데

시퍼렇게 멍든 이파리들 속 얼굴을 파묻은
하얀 눈동자들

어느새 뎅그러니 눈물을 매달고 있다

석남꽃

삼 일 문상을 다녀와서 삼 일을 내리 앓았다

산 자와 죽은 자의 경계에서
떠난 자와 남은 자 사이에서

석남꽃은 오지게도 피어났다

마음이 잎처럼 어긋났던 날들은 잊으라고
가지를 껴안으며 촘촘히도 피어났다

발인 날 눈물이 가슴팍을 적시도록 잔등을 오르는데
망자와의 기억이 문신이 되어
온몸에 새겨지고 있었다

간혹 희미한 울음소리가 들려올 때
꽃잎과 바람을 데리고 어디로든 망명하고 싶었다

인계동

밤은 황폐했다
어둠의 끝자락부터 새벽은 오겠지만
도시의 변방,
변두리로 가는 길은 아득하다
누가 징검다리를 놓아다오
불빛들이 다투어 깜빡이듯 광란하는 아이들에게
빌딩의 무게를 형벌로 끌어안고
지하 클럽으로 향하는 미혼모들에게,
새벽으로 가는 다리를 놓아다오
매연으로 얼굴이 검어진 별들과
화성 밑 더덕더덕한 구옥들 위로 가난처럼 뜬 초생달은
밤새 도시의 새빨간 살육을 지켜볼 것이다
환락가 혀끝에 느껴지는 몰핀의 유혹이며
심장에 박히는 좀비PC들의 날카로운 손톱이며
골목마다 신음 소리 가득한
이 거리의 밤은 언제나 판타직하지만
아침이 오면 풍경은 황량하리라
새벽은 변두리로 향하는 콜택시 경적을 데리고 올 것이다

콘크리트 몸통에 그어진 선명한 핏자국과
모퉁이마다 토해놓은 음식찌꺼기를 데리고 올 것이다
회색의 숲에 저밀도의 안개가 내리고
안광을 번뜩이며 달아나는 도둑고양이들,
누가 이 폐허로부터 벗어날
다리를 놓아다오

이동산부인과

처마나 옥상 변두리 흙벽 어디라도 매달린 것들은 위태롭다
불안함 속에 생이 웅크리고 있다, 태풍의 눈이 도사리고 있는 남애항

생으로 이어지지 못한 창백한 신생아의 얼굴 같은 서녘 하늘 아래
붉은 빛으로 마취되어가는 이동산부인과

사나운 해풍처럼 흔들리는 여자, 산통 때마다 연어의 회귀를 반복하는 여자, 성게 같은 아픔을 바다에 방생하는 여자

해안선을 밀고 당기며 낮은 연안부터 밀물이 차오를 때
물새들이 바다의 표피를 스타카토로 튀어오를 때

꼬리 긴 유성 하나 떨어지는 분만실, 여자가 실실 웃는다
갈매기 똥 같은 눈물을 발등에 떨어뜨린다

조등을 내걸듯 환하게 오징어 배들이 불 밝히는 포구

가랑이 사이로 검붉은 숯덩이를 품은 바다, 더 이상 출하하지 못하는 황폐한 바다

그곳으로 간다 여자가, 어깨를 절뚝이며 간다 아이를 떠나보낸 두 다리로
미친바람이 포효하는 바다 속 분만실로

화장祭

바람에 단단했던 생이 날리고 있다
하얀 뼛가루가 수면에 내려앉을 때마다
잠시 파랑이 졌다 사라진다

가루가 되기 전 견고하게 지탱해온 삶의 궤적들이
물결에 맞닿는 순간의 떨림에 불과하다니

화장祭에서 죽음이란 두 시간 전 뼈와 살이 가졌던 중력의
부재

화르르 화르르 무엇이 그리 바쁜가 한 줌 흰 먼지가 되어
바람과 바람 사이를 넘나드는 분주한 육신은

몇 안 되는 문상객들이 뱃전을 오락가락하고
휘청거리는 바다

허공에는 오직
울음을 뿌리며 낮게 비상하는 물새 한 마리

남은 자들의 들썩이는 어깨 위로
西天은 활활 타오르고 있다

그해 여름은 길었다

바람이 장마를 낳았다
상주들의 곡은 장맛비 같아 그칠 듯 말 듯
격해지다 잠잠해졌다
삼일장이 지나서야 울음은 빗소리보다 서럽다

일정한 간격을 가진
울음은 전염성이 있다
피고 지는 일도 관성이 있다
한 뼘씩 담장을 타고 올라 지천으로 핀 분홍빛 능소화
바람에 온통 통꽃으로 떨어지던

그해 여름, 큰처남이 죽자 처어머니가 죽고 연달아 작은처남이
목을 매달았다

마지막은 늘 삼베 수의 한 벌
삶에서 더 가져갈 그 무엇도 없어
주머니가 없다는

폭염에 축 처진 후박나무 이파리들 사이로 하관이 시작되자
죽음 바깥에서 웅성웅성 또 다른 삶은 시작되었고
땡볕을 달구는 매미 울음만
집요하게 길었다

봄날

꽃 진다

나의 걸음이 꽃의 숨결에 닿을 때까지
오늘도 나는 걷는다

해설

삶의 근원적 이치를 탐구하는 서정시의 존재론

유성호(문학평론가·한양대 국문과 교수)

1.

모든 서정시는 가파른 '현실'과 낭만적 '꿈' 사이에서 생성된다. 이성적 질서에 의해 파악되는 '현실'이나 정서적 침윤과 융기 과정에서 생겨나는 '꿈'은, 그렇게 서정시의 양면적 속성을 풍요롭게 구성한다. 그것이 한쪽으로 경사되거나 한쪽을 배제할 때, 우리는 서정시의 불구적이고 편향적인 풍경을 경험할 수밖에 없게 된다. 그래서 좋은 서정시는 현실을 순간적으로 반영하면서도 그것을 넘어서는 꿈의 질서를 마련하여, 현실과 꿈의 복합적 접점을 다양하게 드러내게 마련이다. 이때 시인들이 꾸는 '꿈'이야말로 우리의 삶 곳곳에 배인 폐허와 불모의 기운을 치유하고, 나아가 우리로 하여금 새로운 상상력을 견지하게끔 해주는 원질(原質)로 작용한다. 나아가 시인들은 '회감(回感)'의 원리를 통해 우리가 가닿아야 할 새로운 삶의 태도를 암시하게 되는 것이다.

이동화 시인의 이번 시집 『하루가 유난히 붉었다』(시인동네, 2016)는, 이러한 서정의 원리에 충실하면서 동시에 우리로 하여금 삶의 근원적 이치를 유추하게끔 해주는 웅숭깊은 서정적 고백록이라고 할 수 있다. 가령 그것은 시공간의 심층을 역동적으로 가로지르면서 넓고 깊은 편폭을 보이는 세계인데, 그래서 우리는 이번 시집을 통해 이동화 시인의 품이 더 심원하고 보편적인 세계로 나아간 진경(進境)을 바라보게 된다. 그렇게 우리는 현실과 꿈의 복합적 접점을 풍요롭게 드러내면서 시인이 구현해낸 풍경을 통해 삶의 근원적 이치를 새롭게 듣게 되는 것이다. 시인이 말한 것처럼 "떠나보낸 것들도/언젠간 저 먼 우주를 돌아/운명처럼 다시 다가올"(「시인의 말」) 순간을 예감하면서 말이다. 이제 그 세계 안으로 한 걸음씩 들어가 보자.

2.

이동화의 시 한 편 한 편에 서린 경험적 실감이나 무게는

탁월한 개성을 담고 있다. 그것은 그가 삶의 활력을 노래할 때에도 그 안에는 매우 미세한 정서가 숨 쉬고 있고, 가없는 슬픔을 담아낼 때에도 거기에는 퍽 구체적인 삶의 과정이 응축되어 있기 때문이다. 그 점에서 이동화 시편은 개별성과 보편성을 통합적으로 구현한 실물적 사례로 우리에게 다가온다. 그만큼 그의 시편은, 서정시가 개인 경험의 산물이면서 동시에 보편적 삶의 이치를 노래하는 양식임을 뚜렷하게 알게 해준다. 이처럼 이동화 시인은 보편적 삶의 이치에 대한 잔잔한 성찰의 음역(音域)을 통해, 사물 속에 선명하게 담긴 시간의 흐름을 읽어내고, 일상적 감각으로는 포착하기 어려운 생명의 질서를 은유해가고 있다. 그 같은 노력이 우리의 감각과 인식을 갱신하면서, 뭇 생명에 대한 경이를 경험하게끔 해주는 것이다. 그래서 이동화 시편의 주제는 삶의 근원적 이치를 탐구하는 시의 존재론으로 모아진다 할 것이다.

> 다리를 잃은 사람의 목발이 되어주고서
> 나무는 웃음을 알게 되었다
>
> 가난이 더 이상 부끄럽지 않을 때
> 마음은 돈에 절뚝거리지 않았다
>
> 행복은 거기에 있었다

지붕이 낮아지고 방이 좁아질수록
그녀와 그의 거리가 좁혀졌으므로

서로가 서로를 떠날 수 없는
간극의 공간

나사못을 박은 나무의 생살에도
봄은 뜨겁게 오고
새가 울고 꽃이 피었다

—「목발」 전문

'목발'이란 다리가 불편한 사람이 걷거나 설 때 겨드랑이에 대고 짚는 지팡이를 뜻하는데, 시인은 '나무'가 '목발'이 되어서야 웃음의 의미를 알게 되었다고 노래한다. 그 순간 '가난/돈'의 이원적 대립이 새로운 질서를 얻게 되었고, 가난이 더 이상 부끄럽지 않아져 마음을 다잡을 수 있었다고 고백한다. 그러니 자연스럽게 지붕이 낮아지고 방이 좁아지면서 서로의 거리가 가까워졌고, "행복은 거기에" 있게 된 것이 아닌가. 그때 비로소 "서로가 서로를 떠날 수 없는/간극의 공간"이 행복의 공간이 된 것이 아닌가. 그렇게 '목발'의 깨달음 위로 '봄'이 오고 '새'가 울고 '꽃'이 피는 자연의 순리가 이어져 간다. 이처럼 시인은 "기다림은 기다리는 것이 아니라 끊임없이 다가가는 일"(「가을의 전언」)이라면서, 자신의 "걸음이 꽃의 숨결에 닿을 때까지/오늘도"(「봄날」) 걸어갈 수 있었을 것이다. 가장 근원적인 삶의 이치가 그 안에 깃들여 있는 것이다.

잠든 아내와 딸아이의 발바닥을 보네
꼭 닮은 두 개의 발바닥을 보네

흰 각질들이 거미줄처럼 갈라진 늙은 발바닥에서
흐린 눈빛은 한동안 길을 잃고 헤매네
그리하여 수많은 시간 동안 발등에 눈 내리고
바람 불어 오래된 지도가 되어버린 슬픈 발바닥, 그 감옥에서
아내는 출옥하지 못하네
발바닥 바깥의 일들을 알지 못하네

(…)

어둠에 단단해진 티눈들이 옹이 같네
그리하여 비바람에 꺾인 고목의 등뼈에서도 새순이 돋듯
딸아이가 열매처럼 여물어 가네
열매는 작은 발바닥을 지녔네

저 크고 작은 두 개의 발바닥
내 살아온 날들이 거기 각인되어 있었네
어디에도 정착하지 못한 길이 있었네

—「발바닥 지도」 중에서

시인은 잠든 아내와 딸의 서로 닮은 '발바닥'을 통해 삶의 근원적 이치를 발견해 간다. "흰 각질들이 거미줄처럼 갈라진 늙은 발바닥"의 아내는 오랜 시간 "발등에 눈 내리고/바람 불어 오래된 지도가 되어버린 슬픈 발바닥"을 감옥처럼 품고 있다. 여기서 '발바닥'이란 "빛도 어둠도 바닥을 향해"(「바닥論」) 내려온다는 시인의 생각을 반영하는 비유체로 다가온다. 이때 시인은 거미줄 같은 미로에서 흐린 눈빛으로 길을 잃고 헤맨다. 하지만 시인은 비바람에 꺾인 고목 등뼈에서도 새순이 돋아나는 것처럼, "딸아이가 열매처럼 여물어" 가는 순간을 동시에 목도한다. 이 '늙고 슬픈 발바닥/어리고 작은 발바닥'이라는 노소(老少)의 교차 속에서, 시인은 "내 살아온 날들"을 바라보는데 그것은 "어디에도 정착하지 못한 길이" 발바닥 안에 다 있었기 때문이다. 나아가 시인은 "어쩌면 산다는 건/가슴에 그리운 무덤 하나씩을 늘려가는 일"(「조팝나무」)이고, "그리운 것들은 멀리 있지 않다는 것을"(「물버들나무」) 노래한다. 이렇게 이동화 시인은 삶의 구체성에 대한 관심을 통해, 삶에 비상한 '그리움'의 활력을 부여하고 있다. 하지만 그는 목소리를 높여 사회를 질타하거나 자신의 생각을 틈입시키지 않는다. 다만 일상의 눈으로 지나칠 수 있는 어떤 잃어버린 근원에 대한 끝없는 추구를 낮은 목소리로 들려줄 뿐이다. 그 점에서 이동화 시편은 근원적 실재를 아름답고 처연하게 보여주면서도, 우리가 망각한 중요한 가치들을 들여다보게끔 하는 힘을 지니고 있다 할 것이다.

3.

우리가 잘 알듯이, 근본적으로 서정시는 시간에 대한 경험 형식으로 씌어진다. 그것이 미래의 어떤 순간을 예감한 것이거나 시간(성) 자체를 초월하는 것이라 할지라도, 그것조차 시간 자체에 대한 서정시의 판단이자 대응일 수밖에 없을 것이다. 그만큼 서정시는 시간 경험과 재구성이라는 양식적 특성을 배타적으로 지니는데, 이처럼 서정시와 시간은 불가피한 짝이고 분리 불가능한 서로의 원질(原質)이 된다. 이동화 시편에서도 시간 탐구의 궤적은 자주 눈에 띄는데, 그가 착목하는 시간 형식은 다름 아닌 존재론적 '기원'과 죽음이라는 '궁극'의 사건이다. 하나씩 살펴보자.

베개맡에 흰 새벽이 묻어나도록

아버지 오지 않으셨다
어머니 오래 묵은 기침 소리 토담 너머 들락거리던 밤
붉은 달은 홀로 덩그렁 앞마당을 굴러다녔다

찢어진 창호지에 어룽대는 대추나무 그림자
행여 당신의 기척인가
바람은 쓸쓸한 것들을 자꾸 구석 쪽으로 몰아놓고
그런 밤마다 뒷산 청대 숲에서는
귀뚜라미 울음소리가 들려왔다

소리 없이 통일벼 이삭들 노랗게 물드는
추석 무렵
불면에 뒤척이다 눈을 뜨면
잊힌 얼굴들이 하나 둘 뛰쳐나왔는데
환각들은, 낯선 희망들은 도대체 어디서 흘러들었을까

문풍지 사이로 한기가 새어드는
추석 무렵, 나는
막 쪄낸 송편처럼 심장이 물컹해지고
기다려도 오지 않는 아버지,
툇마루 손짓하는 바람에 호박잎만 흔들거렸다

—「추석 무렵」 전문

아련한 기억을 통해 '그때'의 어머니와 아버지를 재현하고 있는 이 시편은, 시인 자신의 존재론을 그 기원까지 파고 들어간 '자기 탐구'의 일환으로 씌어졌다고 할 수 있다. 새벽이 오도록 오지 않으시는 아버지, 오래 묵은 기침 소리의 어머니는 미당(未堂)의 저 「自畵像」을 닮았다. '붉은 달'이 홀로 앞마당을 지나가는 밤, 창호지에 어룽대는 대추나무 그림자를 아버지의 그것으로 잘못 본 착시(錯視)의 순간이 추석 무렵의 풍요로움을 오히려 쓸쓸하게 만들던 기억이 시인에게는 있다. 이러한 '환각들'이야말로 시인으로 하여금 "낯선 희망들"을 노래하게 한 에너지였고, "기다려도 오지 않는 아버지"에 대한 절절한 기다림을 가능하게 한 힘이었을 것이다. 그러니 시인에게 "애당초 꽃이란/심장의 붉은 멍"(「장미」)이기도 했을 것이고, "허공을 튀어 오르는 힘찬 신음 소리"(「금붕어의 집」)를 들으며 시인은 "밤을 꼬박 새고도/또 터져 나오는/저 슬픔의 힘"(「조화(弔花)」)을 알아간 것이다. 이동화 시편에는 그러한 성장통(痛)이 아름답게 새겨져 있다.

> 바람에 단단했던 생이 날리고 있다
> 하얀 뼛가루가 수면에 내려앉을 때마다
> 잠시 파랑이 졌다 사라진다
>
> 가루가 되기 전 견고하게 지탱해온 삶의 궤적들이

물결에 맞닿는 순간의 떨림에 불과하다니

화장祭에서 죽음이란 두 시간 전 뼈와 살이 가졌던 중력의 부재

화르르 화르르 무엇이 그리 바쁜가 한 줌 흰 먼지가 되어
바람과 바람 사이를 넘나드는 분주한 육신은

몇 안 되는 문상객들이 뱃전을 오락가락하고
휘청거리는 바다

허공에는 오직
울음을 뿌리며 낮게 비상하는 물새 한 마리

남은 자들의 들썩이는 어깨 위로
西天은 활활 타오르고 있다

—「화장祭」 전문

이번에 시인은 '죽음'이라는 궁극의 사건을 주목한다. '화장祭'란 "바람에 단단했던 생이 날리고" 있는 순간을 포착하는 과정일 것이다. 하얀 뼛가루가 수면에 내려앉고 잠시 '파랑(波浪)'이 졌다 사라지면서 "견고하게 지탱해온 삶의 궤적들"은 "물결에 맞닿는 순간의 떨림"으로 몸을 바꾼다. 이때

"죽음이란 두 시간 전 뼈와 살이 가졌던 중력의 부재"로 나타날 뿐이다. 마치 후경(後景)처럼 허공에 울음을 뿌리며 낮게 비상하는 물새 한 마리나, 남은 자들의 어깨 위로 활활 타오르는 '西天'은, 그 자체로 망자(亡者)의 생과 사를 감각적으로 환기하는 역할을 한다. 어깨를 들썩이는 삶의 슬픔과 바람 사이를 가로지르는 죽음의 분주함이 결속된 가편(佳篇)이 아닐 수 없다. 그렇게 시인은 "일정한 간격을 가진/울음은 전염성"(「그해 여름은 길었다」)이 있고, '시(詩)'의 생성은 "산 자와 죽은 자의 경계에서/떠난 자와 남은 자 사이에서"(「석남꽃」) 가능한 것임을 이렇게 구체적으로 알려준다.

우리는 서정시가 우리의 일상에 편재해 있는 폐허와 불모의 분위기를 치유하고 새로운 소통 가능성을 꿈꾸게 하는 양식임을 알고 있다. 특별히 삶과 죽음, 기원과 궁극에 대한 시적 굴착을 통해 우리는 다양한 경험을 치르게 된다. 하지만 서정시는 생성의 세계만을 그려내는 것이 아니라 소멸의 양상까지 증언하는 양식이다. 이는 비유컨대, 여명의 활달함을 그리는 것도 중요하지만, 저물녘의 아우라를 형상화하는 데도 서정시의 미학적 몫이 존재함을 말해주는 것이다. 이동화 시인은 그렇게 존재론적 '기원'과 '궁극'을 그려가는 것이다.

4.

한 편의 서정시에서 대상에 대한 차분한 관조는 시인의 주관을 배제하면서 사물 자체를 즉물적으로 그려내게끔 한다. 이를 두고 우리는 '묘사(描寫)'라는 방법적 명명을 내려왔다. 하지만 그러한 '묘사'가 시인의 주관을 배제하는 외관을 띠고 있기는 하지만, 시인의 해석에서 묘사의 방향이 정해진다는 뜻에서 그것은 삶의 고유한 원리를 재현해내는 시인의 상상력과 깊이 연관될 수밖에 없다. 서정시에서 풍경을 바라보는 것의 의미가 중요한 까닭이 여기에 있을 것이다. 가령 다음 표제작은 그러한 속성을 잘 드러내고 있다.

서녘 하늘 한 자락을 베어 앵글에 담았다

남쪽에서 몰려온
하루가 유난히 붉었다

목젖이 푸른 새가 울어
나는 아무도 가지 않는 숲의 반대편으로 걸었다

느티나무는 천 개의 푸른 혀를 가지고도 침묵하고 있었고

가로등 하나 묵묵히 어둠을 밀어내고 있었다

바람 한 점 없는 저녁이었다

—「하루가 유난히 붉었다」 전문

시인은 "서녘 하늘 한 자락을 베어" 앵글에 담아간다. 서쪽 하늘은 마치 하루를 유난히 붉게 만든 것처럼 보인다. 이때 "목젖이 푸른 새"의 울음이 '붉음/푸름'의 이미지 대조를 파생시키고, 시인은 "아무도 가지 않는 숲의 반대편"을 택하여 걷는다. 바람 한 점 없는 저녁의 이 '붉음'은, 느티나무의 천 개 "푸른 혀"의 침묵과 어울리면서 선명한 풍경을 만들어내고 있었다. 이동화 시인이 견지하는 관조와 묘사의 힘이 여기서 다시 한 번 빛을 발한다. 여기에는 감정 노출이 없고 다만 "시간이 멈춘"(「나이트메어」) 순간과 "묵음 속에서 공감으로 향하는"(「폐휴대폰의 침묵」) 순간만이 있을 뿐이다. 그렇게 잔잔한 풍경 묘사를 통해 시인은 "얼마나 오래된 망설임들이 모여 소리가 되었는지"(「고백, 소리에는 내력이 있다」)를 전해주고, 우리의 감각이라는 것이 "더 이상 추락할 수 없는 곳에서 소리가 되는 것"(「고사목」)임을 보여준다.

몸도 허공에서는 길이 되는구나

추운 날 맨살의 몸뚱어리
어디로 가닿으려는가

하늘 위 저리도 앙상한 감나무 가지의 길들

푸른 이파리들을 키워내던 생의 한때를 지나
바람을 힘껏 움켜쥐고 좀 더 멀리

가지들은 다음 생인 봄으로 건너가고 있다

그 고단한 몸짓 사이로 감꽃을 기억하는 열매 하나가 붉다,
단단한 목숨처럼
홀로

허공을 밝히고 있다

—「까치밥」 전문

이번에도 선명한 심상이 이동화 시를 구성하고 살리고 있다. 마치 몸이 허공에서 길이 되듯이, 추운 날 맨살의 몸뚱어리로 달린 '까치밥'은 "푸른 이파리들"의 한때를 지나 다음 생인 "봄"으로 이월해가는 순간을 보여준다. 이때 "고단한 몸짓 사이로 감꽃을 기억하는 열매 하나"가 붉고도 단단한 목숨처럼 홀로 허공을 밝히고 있는 풍경은, "선명해진다는 건 깊고 어두운 배경이 필요"(「여름」)하고 "멀리 떨어지고 나서야 눈부신"(「사데풀꽃」) 순간이 존재한다는 사실을 동시에 알려준

다. 이처럼 이동화 시인은 우리를 둘러싼 다양한 심미적 풍경 속에서 삶의 근원적 이치를 응시하고 다시 길을 떠나간다. '까치밥'은 바로 그 감각이 어우러진 상징적 제재가 아니겠는가.

지금까지 우리가 읽어온 것처럼, 이동화 시편은 "이별은 새로운 희망일 뿐"(「가방을 버리다」)이라는 역리(逆理)와 "아직 나에게 도달하지 못한 빛"(「별에서 온 그대」)처럼 존재하는 가치를 새겨가는 근원적 탐구의 세계이다. 원래 모든 서정시는 진솔한 자기 고백과 확인을 일차적 창작 동기로 삼게 마련이다. 따라서 서정시의 저류(底流)에는 시인 자신이 오래 겪은 경험 가운데 가장 절실한 기억의 층이 녹아 있게 된다. 그 기억의 지층에서 시인은 회상(回想)과 예기(豫期)를 치러내고 있는 것이다. 이동화 시인의 이번 시집은 이러한 서정시의 기율을 전형적으로 충족시키고 있는 범례(範例)라 할 것이다. 그래서 우리는 이처럼 아름답게 도달한 시의 존재론을 넘어, 그가 앞으로 개진해갈 다음 세계를, 마음 깊이, 기대해 보고자 하는 것이다.

이 도서의 국립중앙도서관 출판시도서목록(CIP)은 서지정보유통지원시스템 홈페이지(http://seoji.nl.go.kr)와 국가자료공동목록시스템(http://www.nl.go.kr/kolisnet)에서 이용하실 수 있습니다.(CIP제어번호: CIP2016026543)

시인동네 시인선 067

하루가 유난히 붉었다

ⓒ이동화

초판 1쇄 발행 2016년 11월 10일
초판 2쇄 발행 2016년 12월 15일

지은이 이동화
펴낸이 고영
책임편집 류미야
디자인 헤이존
펴낸곳 문학의전당
출판등록 제311-2012-000043호
주소 서울시 마포구 마포대로 11길 91, 3층
전화 02-852-1977 팩스 02-852-1978
전자우편 sbpoem@naver.com

ISBN 979-11-5896-287-6 03810